El Poder de

Bendecir

a Sus

Hijos

El Poder de
BENDECIR A SUS HIJOS

Mary Ruth SWOPE

WHITAKER
HOUSE

Traducción al español realizada por:
Belmonte Traductores
Manuel de Falla, 2
28300 Aranjuez ✦ Madrid, ESPAÑA
www.belmontetraductores.com

El Poder de Bendecir a Sus Hijos
Publicado originalmente en inglés bajo el título:
The Power of Blessing Your Children

Swope Enterprises, LLC
7357 FM 161 South ✦ Avinger, Texas 75630
www.maryruthswope.com

ISBN: 978-1-60374-265-8 ✦ eBook ISBN: 978-1-60374-821-6
Impreso en los Estados Unidos de América
© 2011 por Mary Ruth Swope

Whitaker House
1030 Hunt Valley Circle ✦ New Kensington, PA 15068
www.whitakerhouse.com

Por favor, envíe comentarios o sugerencias para hacer mejoras a este libro a:
comentarios@whitakerhouse.com.

Dedicatoria

Este libro está dedicado en primer lugar a mi nieto, Joseph Daniel Darbro.

En segundo lugar, quiero dedicar este libro a los padres y abuelos de todo el mundo que quieran tener una buena influencia sobre sus hijos y nietos, aun cuando su lugar de residencia no esté muy próximo al de sus familiares.

Reconocimientos

La idea para este libro fue inspirada. Llegó todo de manera fluida y rápida, casi como algo irreal, a juzgar por mi experiencia previa a la hora de escribir y publicar. Entre mis queridos amigos que colaboraron se encuentran:

- mi nieta: Elise Michelle Darbro;
- mi socia: Charlotte Bates;
- mi corrector de pruebas: Peter Chambers;
- mis amigos: Dick y Christine Deitsch;
- mi asistente: Kandi Nolen;
- mi editor: Val Cindric; y
- mi hija: Susan Cornwell Darbro.

Como siempre me gusta decir, por la fortaleza, salud, vida y años de educación y experiencia (todo ello necesario para una tarea de esta naturaleza) le doy gracias a Dios.

Contenido

Parte tres: El fruto de la bendición

Parte uno:

El concepto de bendición

Cómo me ocurrió a mí

Una mañana, durante mi tiempo de oración, me quedé absorta en el hecho de que vivía muy lejos del único hijo de mi hija: Joseph Daniel Darbro. Me entristeció pensar que yo no tendría la oportunidad de ser una influencia para su desarrollo espiritual, social, emocional y físico de la misma manera en que mi abuela materna lo había sido para mí.

Desde que mi abuela Lutz vino a vivir a nuestro hogar cuando yo tenía seis meses, fue ella quien me leía cuentos, oraba conmigo, me ayudaba a memorizar poesía y jugaba a juegos conmigo. Recuerdo con cariño las horas felices que pasamos juntas cuando me enseñaba a coser, tejer, hacer ganchillo, encaje y edredones.

Mi abuela se convirtió en el modelo a imitar ideal para mí, y aprendí lo que significa ser una sierva cristiana y una líder en la comunidad simplemente observándola. No sólo enseñaba regularmente en la escuela dominical y desempeñaba un papel activo en los grupos de mujeres de la iglesia, sino que también estaba en los comités de varias organizaciones de la comunidad.

Al pensar en su vida y el tremendo impacto que tuvo sobre la mía, yo anhelaba poder hacer lo mismo con mi precioso nieto de siete años, Daniel; pero sabía que los muchos kilómetros que nos separaban hacía imposible que yo pudiera estar con él regularmente.

Entonces, un día me acordé del testimonio de un pastor bautista al que habían destituido repentinamente de su cargo. Impactado por la destitución y roto por los acontecimientos posteriores, el pastor estaba deprimido y era un solitario. Para empeorar aún más las cosas, muchos de los demás pastores de su zona le rechazaron, dejándole totalmente devastado.

Pero unos pocos días después, uno de sus buenos amigos —el rabino judío local— se acercó para expresarle su tristeza por el infortunio. "Quiero hacer algo más que darle mis condolencias —dijo el rabino—. "He venido para bendecirle". Esas palabras cobraron un profundo significado espiritual cuando el rabino compartió con el pastor las tradiciones de la fe judía con respecto a las bendiciones.

"Creo que la bendición de Dios sobre el pueblo judío es un resultado directo de la bendición regular que los padres pronuncian sobre sus hijos", dijo el rabino. Observó que la mayoría de los premios Nobel y Pulitzer se han concedido a hombres y mujeres judíos, y que un gran porcentaje de los millonarios de América son judíos, aunque conforman sólo el 2,7 por ciento de la población.

Como resultado de la visita del rabino, el pastor comenzó a estudiar el fenómeno de la *bendición* en las Escrituras. Al poco tiempo, comenzó a enseñarles a otros padres a bendecir a sus esposas e hijos diariamente, y esto le abrió muchas nuevas puertas ministeriales en todo el país.

El testimonio del pastor y las palabras del rabino vinieron a mi mente mientras me preguntaba cómo podía tener yo una influencia positiva sobre la vida de mi nieto. Pensé: *¿Por qué no puedo comenzar a bendecir a mi nieto cada vez que hable con él por teléfono? Esa sería una manera de transferir mis valores personales y espirituales a Daniel cuando no pueda estar físicamente presente con él.*

Inmediatamente comencé a escribir bendiciones.

La siguiente ocasión en que hablé con Daniel por teléfono, le dije que quería bendecirle. Él escuchó atentamente y luego me respondió dulcemente: "Gracias abuela".

Cuatro días después, le di una segunda bendición. La tercera vez que llamé, ya me iba a despedir cuando me preguntó: "Abuela, ¿no me vas a bendecir hoy?".

El corazón casi se me salió del pecho al darme cuenta de que Dios estaba confirmándome lo significativas que habían sido las bendiciones para mi precioso nieto.

Ahora, de forma regular, bendigo a Daniel por teléfono, enfocándome en un área diferente de su cuerpo, su personalidad o sus necesidades espirituales, físicas y emocionales. ¡Ahora me siento más cerca de él que nunca!

Quiero que otros padres y abuelos reciban el mismo gozo que yo he experimentado al utilizar este método bíblico de pronunciar en voz alta una breve bendición.

El propósito de este pequeño libro es animar a padres y abuelos a bendecir a sus hijos y nietos en el santo nombre de Jehová Dios. Es Él quien perdona todos los pecados, es Él quien sana nuestros cuerpos, almas y espíritus. Él es quien nos rescata del infierno y nos rodea de su tierna misericordia y amor.

Podemos esperar que Dios haga grandes y maravillosas obras cuando llevamos las promesas de su Palabra a nuestros seres queridos. Cuando bendiga a sus hijos en el nombre del Señor, verá que Dios llena sus vidas de cosas buenas y lleva salvación incluso a los hijos de sus hijos. (Véase Salmo 103:17–18).

El comienzo de las bendiciones de Dios

Una vez que descubrí la maravillosa experiencia de bendecir a mi nieto, decidí investigar el origen de las bendiciones para asegurarme de que lo que estaba haciendo era bíblico. Abrí mi Biblia, y pronto me quedó claro que el Dios soberano del universo había iniciado el concepto de la bendición. Fue idea de Dios, y no del hombre.

En los primeros treinta y cuatro versículos de la Biblia descubrí que la palabra *bendición* se usa tres veces.

En Génesis 1:22, Dios bendijo a las criaturas del mar, a todas las criaturas que viven en el agua y a las aves cuando dijo: *"Fructificad y multiplicaos, y llenad las aguas en los mares, y multiplíquense las aves en la tierra"*.

En Génesis 1:28, después de que Dios creara al hombre y a la mujer a su imagen, los bendijo diciendo: *"Fructificad y multiplicaos; llenad la tierra, y sojuzgadla, y señoread en los peces del mar, en las aves de los cielos, y en todas las bestias que se mueven sobre la tierra"*.

El tercer uso de la palabra *bendecir* ocurre en Génesis 2:3: "*Y bendijo Dios al día séptimo, y lo santificó, porque en él reposó de toda la obra que había hecho en la creación*".

En estas tres ocasiones, la bendición de Dios consagró lo que Él bendijo y lo apartó para un propósito especial. Las cosas que bendijo fueron:

+ Las criaturas que creó con sus palabras (los peces y las aves);
+ Las criaturas que creó con sus manos (hombre y mujer);
+ Su día de reposo, y el nuestro (el séptimo día de la semana).

Dios tenía una razón para instituir el concepto de la bendición. Fue necesario para el cumplimiento de su propósito y su plan para la humanidad aquí en la tierra. Sabiendo que la caída de Adán programaría a la raza humana para muerte y no para vida, Dios instituyó un pacto, un acuerdo formal de validez legal (una *bendición*), para que el hombre tuviera éxito.

El poder de la bendición

Con cada una de las bendiciones de Dios en las Escrituras, siempre había una unción especial: una impartición de poder sobrenatural que capacitaba a la gente que Él bendecía. Las bendiciones de Dios:

+ hacían posibles las cosas imposibles;
+ daban poder por encima de lo normal, medios y habilidades para ser competentes en la vida;

- daban autoridad espiritual a nuestra humanidad.

Nuestro antepasado, Abraham, fue el primer hombre en recibir las bendiciones de un pacto con Dios. Este pacto contenía siete promesas que se encuentran en Génesis 12:2–3:

- Haré de ti una nación grande;
- Te bendeciré;
- Engrandeceré tu nombre;
- Serás bendición;
- Bendeciré a los que te bendijeren;
- A los que te maldijeren maldeciré;
- Y en ti serán benditas todas las familias de la tierra.

¿Es eso poder para vivir o no lo es? Sí, en verdad es poder para ayudarnos a vivir vidas de éxito para Dios. ¡No es de extrañar que el enemigo de nuestra alma no quiera que bendigamos a nuestros hijos!

No podemos permitir que Satanás nos robe este maravilloso privilegio. Como creyentes y herederos del reino de Dios, debemos aprender a tomar nuestra autoridad y reclamar la abundante herencia prometida a nuestros hijos y nietos.

Activar las promesas de bendición de Dios

Cómo nos convertimos en los receptores de esas mismas promesas de pacto hechas a Abraham? ¡Activando el poder de la bendición! Y eso lo hacemos pronunciando palabras de bendición basadas en la Palabra de Dios.

Recuerde que la misma promesa que Dios le dio a Abraham también nos la ha dado a nosotros como descendencia de Abraham: *"En tu simiente serán benditas todas las naciones de la tierra, por cuanto obedeciste a mi voz"* (Génesis 22:18).

La Fuente de todas las bendiciones sobre la tierra es Dios Padre, y pueden ser nuestras a través de su Hijo: Jesucristo. Cuando reconocemos a Jesús como nuestro Salvador y Señor, nos convertimos en hijos de Dios y descendencia de Abraham.

Al convertirnos en miembros de la familia de Dios, recibimos todos los derechos a la bendición de nuestro padre Abraham; y, como Abraham, podemos transmitir la bendición de Dios a nuestros hijos y nietos, como lo hicieron nuestros antepasados.

El hijo de Abraham, Isaac, bendijo a sus hijos, Jacob y Esaú, de una forma muy práctica, invocando sobre ellos *"el rocío del cielo...las grosuras de la tierra, y abundancia de trigo y de mosto"* (Génesis 27:28).

Cuando Jacob estaba a punto de morir, reunió a sus doce hijos y pronunció palabras proféticas sobre ellos, según el carácter particular de cada hijo. *"Los bendijo con un mensaje apropiado para cada uno"* (Génesis 49:28 NTV).

Creo que es así como deberíamos bendecir a nuestros hijos y nietos: con bendiciones que sean apropiadas para ellos y que estén específicamente adaptadas a sus edades, personalidades, caracteres y talentos. También debemos asegurarnos de que nuestras bendiciones estén en línea con las promesas de Dios y encajen con sus planes y propósitos para las personas a las que estamos bendiciendo.

Recuerde: el objetivo más importante para nuestros hijos y nietos debería ser que den gloria a Dios en todo lo que digan y hagan. Si tenemos esto en mente, entonces nuestras bendiciones no tendrán una naturaleza egoísta ni mundana.

Nuestro Padre celestial ha provisto una herencia maravillosa para sus hijos. Nos ha dado todas las cosas pertenecientes a la vida y la bondad: físicas, espirituales, materiales y personales. No se nos ha omitido nada para ayudarnos a tener todo lo que necesitamos para tener una vida verdaderamente buena. Dios hasta promete compartir con nosotros su propia gloria y bondad. (Véase 2 Pedro 1:3–4).

Dios quiere que disfrutemos de sus bendiciones, pero sólo podremos hacerlo cuando entendamos las muchas promesas de las que somos herederos a través de la fe en Jesucristo. En el Apéndice encontrará una lista de recursos que detallan muchas de las promesas que Dios nos ha dado a nosotros, sus hijos.

Además de reclamar las promesas que se encuentran en las Escrituras, yo utilizo los nombres hebreos de Dios para acordarme del gran poder y las muchas provisiones de Dios. Permítame compartirlos con usted.

Promesas de bendición[1]

+ A través de Jehová-Tsidkenú he sido hecho justo: *"Al que no conoció pecado, por nosotros lo hizo pecado, para que nosotros fuésemos hechos justicia de Dios en él"* (2 Corintios 5:21).

+ A través de Jehová-Makadesh estoy santificado, he sido hecho santo y apartado para sus propósitos. *"Y el mismo Dios de paz os santifique por completo; y todo vuestro ser, espíritu, alma y cuerpo, sea guardado irreprensible para la venida de nuestro Señor Jesucristo"* (1 Tesalonicenses 5:23).

+ A través de Jehová-Shalom he recibido paz. *"Y la paz de Dios, que sobrepasa todo entendimiento, guardará vuestros corazones y vuestros pensamientos en Cristo Jesús"* (Filipenses 4:7).

---

[1] Los nombres de Dios están tomados de: Larry Lea, *Could You Not Tarry One Hour?* (Lake Mary, FL: Creation House, 1987), p. 189.

- A través de Jehová-Shammah la presencia de Cristo está dentro de mí. *"¿No sabéis que sois templo de Dios, y que el Espíritu de Dios mora en vosotros?"* (1 Corintios 3:16).

- A través de Jehová-Rapha soy sanado y experimento la salud divina. *"Bendice, alma mía, a Jehová, y no olvides ninguno de sus beneficios. Él es quien perdona todas tus iniquidades, el que sana todas tus dolencias"* (Salmo 103:2–3).

- A través de Jehová-Jireh veré la provisión del Señor. *"Nunca se apartará de tu boca este libro de la ley, sino que de día y de noche meditarás en él, para que guardes y hagas conforme a todo lo que en él está escrito; porque entonces harás prosperar tu camino, y todo te saldrá bien"* (Josué 1:8).

- A través de Jehová-Nissi el Señor es mi bandera; siempre venceré. *"Mas gracias sean dadas a Dios, que nos da la victoria por medio de nuestro Señor Jesucristo"* (1 Corintios 15:57).

- A través de Jehová-Rohi el Señor es mi pastor, y tengo seguridad y guía. *"Mis ovejas oyen mi voz, y yo las conozco, y me siguen, y yo les doy vida eterna; y no perecerán jamás, ni nadie las arrebatará de mi mano"* (Juan 10:27–28).

- A través de Jehová-Sabboath todas mis necesidades están suplidas, y tengo victoria total. *"El que no escatimó ni a su propio Hijo, sino que lo entregó por todos nosotros, ¿cómo no nos dará también con él todas las cosas?"* (Romanos 8:32).

A través de los nombres de Jehová Dios tenemos todo lo necesario para estar bendecidos en esta vida, para recibir salvación y para experimentar vida eterna. ¡Nuestras necesidades están suplidas al 100 por ciento!

Al considerar las maravillosas bendiciones y promesas que Dios ha dispuesto para nosotros, la alabanza brota en nuestro corazón, y clamamos con el salmista:

Cuéntales a todos acerca del poder de Dios. Su majestad brilla sobre Israel; su fuerza es poderosa en los cielos. Dios es imponente en su santuario; el Dios de Israel le da poder y fuerza a su pueblo.

(Salmo 68:34–35 NTV)

Bendiga a sus hijos y nietos

Al apropiarnos de todas las promesas de Dios y bendiciones en nuestras propias vidas y aprender a reclamarlas por nosotros mismos, se convierte en nuestra responsabilidad el transmitirlas a nuestros hijos y nietos.

Si usted es padre o abuelo y miembro de la familia de Dios por la fe en la sangre de Jesucristo, tiene autoridad espiritual sobre su casa. Tiene autoridad y poder para declarar bendiciones en las vidas de sus hijos y nietos.

Sus palabras de bendición son vigorizadas por el poder de Dios cuando usted las declara.

Cuando usted declare lo que Dios quiere que diga, las vidas de sus hijos y nietos comenzarán a cambiar. Sus vidas comenzarán a amoldarse a sus palabras, así que tenga cuidado con la forma en que los bendice y sea siempre positivo. Recuerde: cuando las bendiciones han sido declaradas, ningún hombre ni ningún poder de las tinieblas pueden detenerlas o desbaratarla. (Vea la historia de Jacob y Esaú en Génesis 27).

Nuestro Señor Jesucristo proporciona el mejor ejemplo de cómo bendecir a nuestros hijos. Cuando varios padres llevaron a sus hijos a Jesús para que impusiera sus manos sobre ellos,

> *Y tomándolos en los brazos, poniendo las manos sobre ellos, los bendecía.* (Marcos 10:16)

El Nuevo Testamento habla sobre "la imposición de manos" cuando se le está impartiendo un don o unción a alguien. (Vea, por ejemplo, Hechos 8:18; 9:17; 1 Timoteo 4:14; 5:22; 2 Timoteo 1:6; Hebreos 6:2). Creo que es importante, siempre que sea posible, tocar a sus hijos con amabilidad y ternura cuando les imparte sus palabras de bendición.

Para que pueda comenzar, he incluido ejemplos de las bendiciones que yo he estado declarando sobre mi nieto. Cada bendición está basada en promesas de la Biblia, y los versículos de referencia se encuentran al final. Hay cuarenta y nueve bendiciones, una para cada día durante siete semanas.

Estoy segura de que cuando esto se convierta en un hábito para usted, sus bendiciones serán más personales y específicas, y comenzarán a producirse cambios maravillosos en las vidas de sus familiares. Mi oración es que desde ahora hasta que regrese Jesús, seamos contados entre esos padres y abuelos que bendicen diariamente a sus hijos y nietos.

Ahora, permítame *bendecirle* antes de que comience.

Una bendición para padres y abuelos

Que el Señor le bendiga y le guarde. Que el Señor haga resplandecer su rostro sobre usted, y tenga de usted misericordia. Que el Señor alce sobre usted su rostro y ponga en usted paz.

Usted ha sido escogido para ser posesión de Dios. Él es Dios, el Fiel, que muestra misericordia y guarda sus promesas hasta mil generaciones de aquellos que le aman y obedecen sus mandamientos. El Señor mantendrá su pacto de amor con usted, porque usted es santo para el Señor su Dios.

Que todas estas bendiciones que usted habla por fe en el nombre del Señor Jesucristo descansen sobre las cabezas de sus amados hijos y nietos ahora y para el resto de sus vidas.

Números 6:24–26 • Deuteronomio 7:6–9

Parte dos:

El contenido de la bendición

Habilidades

En el nombre de Jesucristo:

Le bendigo con el poder de ver con precisión las habilidades especiales que Dios le ha dado. Que llegue a ser un trabajador competente en el campo de trabajo que Dios le haya encomendado.

Véase como una persona con muchos talentos latentes. El Espíritu Santo está listo para ayudarle a entender y desarrollar sus dones, así que atrévase a pedir su ayuda.

Que los dones y el fruto del Espíritu Santo para ayudar a otros sean evidentes en su vida. Le bendigo con la unción de Dios para cumplir sus propósitos especiales para su vida.

Mateo 25:14–30 · Romanos 12:4–8
1 Corintios 12:4–11

Abundancia

En el nombre de Jesucristo:

Le bendigo con la abundancia de bienes que Dios ha ordenado que usted posea y use. Que tenga material suficiente para prestar a muchos sin que nunca tenga que pedir prestado para cubrir sus propias necesidades.

Que el Señor le haga abundar en todas las obras de sus manos, y en el fruto de su cuerpo, en el aumento de sus inversiones de tiempo y energía y en la producción de su tierra. Él le bendecirá con abundancia.

Deuteronomio 15:6; 30:9 · Salmo 92:12

Ángeles

En el nombre de Jesucristo:

Le bendigo con un ejército de ángeles activos a quienes Dios hizo para guardar y rescatar a todos los que temen su nombre. Él enviará estos espíritus ministradores para proteger a sus hijos del peligro y para defenderles de sus enemigos.

Sus ángeles en el cielo tienen acceso constante a su Padre celestial, y Él les ordena protegerle dondequiera que usted vaya. Durante toda su vida, ellos le tomarán de la mano para impedir que usted tropiece con las piedras de su camino.

No tema; hay guerreros invisibles que caminan a su lado.

Salmos 34:7; 91:11–12 · Mateo 4:11; 18:10
Hebreos 1:7

Certeza

En el nombre de Jesucristo:

Le bendigo con la certeza de que Dios le buscará si se pierde, y le vendará si está quebrantado, y le fortalecerá si está enfermo. En verdad, Él siempre le buscará como a una de sus ovejas, y le librará llevándole a un lugar seguro si se extravía del camino correcto.

Él nunca le dejará ni le desamparará; el Señor es su ayudador, por tanto no tema. Que usted, amado del Señor, descanse confiadamente en Aquel que le rodea con su cuidado y su amor y le guarda de todo mal.

Tenga la certeza de que Dios hará lo que ha prometido.

*Génesis 28:15 · Deuteronomio 33:12 · Ezequiel 34:16
Juan 14:18 · Hebreos 13:6*

Autoridad

En el nombre de Jesucristo:

Le bendigo con la revelación de que Dios le ha dado autoridad sobre todo poder del enemigo (Satanás) y que nada le dañará. Ningún arma forjada contra usted prosperará.

Ha sido usted creado para tener dominio sobre las obras de las manos de Dios, y todas esas cosas han sido sometidas bajo sus pies.

Por tanto, no tema. Puede conseguir la victoria sobre el enemigo de su alma. Es la voluntad de Dios que usted sea libre.

Salmo 8:6–8 · Isaías 54:17 · Hebreos 2:7–8

Hijos

En el nombre de Jesucristo:

Le bendigo con la bendición que Dios les dio a Adán y Eva cuando les dijo: *"Fructificad y multiplicaos; llenad la tierra, y sojuzgadla"* (Génesis 1:28).

Los hijos son un regalo del Señor, y son como flechas en la mano de un guerrero. Ellos le defenderán, y serán como olivos alrededor de su mesa. Sí, vivirá para ver a los hijos de sus hijos, y la paz será sobre toda su casa.

Su familia obtendrá el favor del Señor. En el nombre de Cristo, el Señor, le bendigo con hijos sabios y obedientes.

Salmos 127:4–5; 128:3, 6 • Proverbios 23:24
Isaías 54:13

Dirección clara

En el nombre de Jesucristo:

Bendigo su salida y su entrada hoy y todos los días. Que considere los pasos de sus pies y que no se desvíe ni a derecha ni a izquierda del camino que Dios ha planeado para usted.

Que tenga una dirección clara en el camino por el que hoy camina. Cuando usted permite que el Señor dirija sus pasos, Él se deleita en cada uno de los movimientos que usted hace.

Que entienda las lecciones que Dios está intentando enseñarle a través de lo que Él permite que le suceda en la vida. Si permanece en la senda de Dios, su vida se llenará de gozo y alegría.

Salmos 32:8; 37:23; 121:8; 143:8, 10
Proverbios 4:21–23, 26; 8:20

Una lengua controlada

En el nombre de Jesucristo:

Bendigo su lengua. Usted será una persona que aprenderá pronto en la vida a medir sus palabras y sus pensamientos antes de sacarlos por su boca.

Su lengua hablará palabras positivas que afirmen y bendigan a los que le oigan. Su lengua siempre dirá la verdad en amor y hablará a otros de cosas buenas. Su lengua encontrará constantemente formas de llevar felicidad a otros.

Sin fallar, usará su lengua para glorificar a Dios y edificar a su familia y amigos. Alabará a Dios durante todo el día.

Proverbios 21:23 · Eclesiastés 3:7
Efesios 4:15 · Santiago 3:4

Valor

En el nombre de Jesucristo:

Le bendigo con el valor para estar firme ante el temor y para saber que Dios es su refugio y fortaleza. No necesita temer ni aterrorizarse, porque el Señor su Dios va delante de usted; Él nunca le dejará ni le desamparará.

Cada lugar donde ponga su pie será un lugar de victoria para usted. Nadie será capaz de permanecer contra usted todos los días de su vida.

El temor es lo opuesto a la fe, y Dios no le ha dado un espíritu de temor, sino que le ha bendecido con poder, amor y dominio propio. Esa es la esencia del valor.

Deuteronomio 31:6 · Josué 1:3, 5 · 2 Timoteo 1:7

Creatividad

En el nombre de Jesucristo:

Dentro de usted mora el espíritu de creatividad, porque fue creado a la imagen del gran Creador, el Hacedor del cielo y de la tierra. Él es quien le da ideas para diseñar, construir y desarrollar. Que Él llene su imaginación de pensamientos creativos que, cuando los haga realidad, le den gloria a Él y bendigan a otros.

Que la belleza del Señor nuestro Dios esté sobre usted para afirmar la obra de sus manos.

Génesis 1:26–27 · 2 Crónicas 2:12–14
Salmos 90:17; 146:5–6

Liberación

En el nombre de Jesucristo:

Usted será liberado del mal y de todos aquellos que se levanten contra usted. El Dios eterno es su refugio, y debajo de usted están los brazos eternos de su Padre celestial. Él dispersará a sus enemigos delante de usted. El Dios Todopoderoso es su escudo y su espalda gloriosa.

Sus enemigos se acobardarán ante usted, y destruirá los objetos de la idolatría de ellos. Bendito sea el Dios Todopoderoso, quien entrega a sus enemigos en su mano.

Deuteronomio 33:27, 29 · Salmo 44:4–5

Vida eterna

En el nombre de Jesucristo:

Le bendigo con la promesa de Dios de la vida eternal, la cual es en Cristo Jesús nuestro Señor. El que cree en el Hijo de Dios tiene el testimonio de esta vida en sí mismo. Quiera Dios que usted se encuentre entre los que han creído en el Señor Jesucristo y son salvos.

Algún día verá el rostro de Dios, y el nombre de Él estará en su frente. Su nombre se escribirá en el Libro de la Vida del Cordero.

Que su fe en el nombre de Jesucristo, que es sobre todo nombre que se nombra en el cielo y en la tierra, sea su herencia y su regalo para las generaciones que le sigan.

Juan 3:16 • Romanos 6:23 • 1 Juan 5:11
Apocalipsis 21:27; 22:4

Ojos para ver

En el nombre de Jesucristo:

Bendigo sus ojos, y les ordeno que vean en detalle el exquisito diseño de todo lo que Dios hizo para nuestro disfrute. Que sus ojos miren al cielo y vean la belleza de las nubes y la maravilla de las estrellas, las ventanas de Dios al cielo.

Que vea las cosas creadas sobre la tierra y debajo de la tierra con la misma intensidad, y que se maraville de sus colores, formas y tamaños, de su perfección en cada detalle. Permita que Dios se le revele mientras se asombra de todos estos maravillosos tesoros y magníficas obras de arte.

Llénese de adoración a su Dios siempre que sus ojos descubran cosas nuevas de su gloriosa creación.

Salmos 8:3; 19:1 • Eclesiastés 3:11 • Isaías 33:17
Mateo 13:16

Fe

En el nombre de Jesucristo:

Le bendigo con un don de fe especial, fe para creer que para Dios *todo* es posible, para que pueda llegar al lugar de mayor honor y privilegio en las cosas de Dios. Su fe le capacitará para estar totalmente seguro de que Dios es capaz de cumplir todo lo que ha prometido. Por esto, será aceptado y aprobado por su fe y se convertirá en amigo de Dios como Abraham, nuestro verdadero ejemplo de fe.

Sin fe es imposible agradar a Dios, y sin oír constantemente la Palabra de Dios, es imposible tener fe. Recuerde que Dios recompensa a los que ejercitan su fe, ya que por la fe, tenemos paz con Dios por medio del Señor Jesucristo.

Romanos 4:16, 21; 5:1–2 • Habacuc 2:4 • Hebreos 11:6

Favor

En el nombre de Jesucristo:

Que el favor del Señor abunde en usted, y que su vida esté llena de bendición. Guarde los mandamientos de Dios, y encontrará favor no sólo con Dios sino también con la gente. Le respetarán por su buen juicio y sentido común, y su reputación será honorable.

Que sus acciones sean agradables al Señor, y Él hará que incluso sus enemigos estén en paz con usted. A medida que crezca en estatura, que su corazón crezca también en sabiduría, y así encontrará favor, al igual que Jesús, para con Dios y con los hombres.

Salmo 5:12 · Proverbios 3:1–4 · Lucas 2:52

El temor del Señor

En el nombre de Jesucristo:

Le bendigo con un temor reverente de Dios y con la capacidad de tener al Señor en su máxima estima. Estará contento y encontrará deleite guardando los mandamientos de Dios.

No tendrá temor de la gente, ya sean grandes o pequeños, ni de lo que digan o hagan contra usted. Las circunstancias nunca harán temblar sus cimientos mientras tema al Señor y obedezca su Palabra.

Le bendigo con una gran destreza para odiar todo lo que Dios odia: un espíritu orgulloso, una lengua mentirosa, una boca desenfrenada y malos pensamientos. Su bandera se desplegará sobre usted porque reconoce que Él es el Dios de verdad y justicia.

Deuteronomio 5:29 · Salmos 25:12–14; 60:4; 128:1
Proverbios 6:16–19

Un espíritu libre

En el nombre de Jesucristo:

Le bendigo con libertad del estrés y la ansiedad del mundo. Depresión, frustración y la ansiedad y nerviosismo por sus circunstancias sean malditas para siempre. Será capaz de afrontar los eventos naturales de su vida con paz mental y un gozo interior que alejará toda emoción negativa.

Glorificará a su Dios guardando su mandamiento de no preocuparse por nada. En cambio, orará por todo, poniendo delante de Él sus necesidades y dándole gracias por las respuestas. Será bendecido con un espíritu libre al que no le afecte la preocupación.

Mateo 6:25–34 · Juan 14:27
Filipenses 4:6–7 · 1 Pedro 5:7

Buena salud

En el nombre de Jesucristo:

Le bendigo con buena salud todos los días de su vida. Que disfrute una vida saludable tanto en su cuerpo como en su alma para que pueda seguir sirviendo al Señor con un gran vigor y entusiasmo.

Al seguir las pautas alimenticias de Dios que encontramos en la Biblia, que el Señor quite de usted toda enfermedad y haga que su cuerpo quede inmune a las enfermedades mortales. Si se enferma, que aprenda a reclamar las promesas de sanidad y a recordar que por la llaga de Él somos curados.

Que su propia sabiduría no le engañe ni convenza; en cambio, confíe en el Señor y dé la espalda a la maldad. Si lo hace, su salud y vitalidad serán renovadas.

Éxodo 23:25 · Deuteronomio 7:15 · Proverbios 3:7–8
Isaías 53:5 · 3 Juan 2

Un buen esposo

En el nombre de Jesucristo:

Le bendigo con un esposo amoroso que se adhiera a usted y le considere como una misma carne con él. Que le ame como Cristo ama a la iglesia, y que esté dispuesto a poner su vida por usted.

Que Dios escoja para usted un hombre que le sea fiel siempre y que siempre vea en usted la belleza de la mujer con la que se casó. Que le honre como la parte más frágil de su matrimonio y que nunca haga nada que le cause daño o dolor.

Que siempre provea para usted de una forma que le permita cumplir con sus tareas como esposa y madre.

Génesis 2:24 • Proverbios 5:18–19 • Efesios 5:25
1 Timoteo 5:8 • 1 Pedro 3:7

Una buena esposa

En el nombre de Jesucristo:

Le bendigo con una buena esposa que ame al Señor y obedezca su Palabra. Que viva gozosamente con ella todos los días de su vida.

Como teme al Señor y anda en sus caminos, Dios le bendecirá con una esposa que sea como una vid que da fruto al lado de su casa. Su precio será mayor que el de los rubíes. Una buena esposa es verdaderamente más valiosa que las piedras preciosas.

Que la esposa que Dios escoja para usted le honre y respete, y se someta voluntariamente a usted como consecuencia de su amor por el Señor.

Salmo 128:1, 3 • Proverbios 18:22; 31:10–13
Eclesiastés 9:9 • Efesios 5:22–24

Manos que bendicen

En el nombre de Jesucristo:

Bendigo sus manos. Que sean manos que hacen buenas cosas por otras personas. Aprenderán a trabajar, a hacer todo tipo de trabajo como para el Señor. Sus manos serán una bendición para usted y para otros mientras viva. Que prospere en todo lo que emprenda, y que sus obras nunca sean en vano.

Bendigo hoy sus dedos. Esos dedos aprenderán a tocar un instrumento musical: el piano, la flauta, la trompeta, el violín u otro instrumento. Bendecirán al Señor y a otras personas con una música hermosa.

Que el Señor bendiga todas sus destrezas y se agrade de la obra de sus manos.

Deuteronomio 28:8 · Salmos 33:1–4; 90:17; 128:2
1 Tesalonicenses 4:11–12

Felicidad

En el nombre de Jesucristo:

Le bendigo con alegría y paz mental. Esos dones de Dios llegan sólo a aquellos que aman, confían y obedecen al Señor. Dios siempre bendice a los que siguen sus indicaciones y permanecen en su camino.

Si hace lo correcto y confía en que sus actos son agradables al Señor, nunca tendrá que preocuparse por lo que otras personas digan de usted. La felicidad será su recompensa. Dichosos y contentos aquellos cuyo Dios es Jehová.

Salmo 128:1–2 · Proverbios 16:20; 29:18
Romanos 14:22

Santidad

En el nombre de Jesucristo:

Le bendigo con la voluntad de apartar sus ojos para no mirar las cosas que no son dignas y con la decisión de no seguir a los necios. Por el contrario, permitirá que Dios abra sus ojos y le permita ver las cosas maravillosas que puede esperar al respetar y obedecer sus leyes. Aprenderá que los caminos de Dios son perfectos y que la verdadera santidad viene sólo a través de la sangre que derramó Jesucristo.

Mantenga limpias sus manos y puro su corazón, y así recibirá las bendiciones que vienen de vivir una vida agradable al Señor.

Salmos 24:3–5; 119:18, 36–37 · Lucas 1:74–75
Romanos 12:1–2 · 2 Corintios 7:1

El Espíritu Santo

En el nombre de Jesucristo:

Le bendigo con toda la plenitud del Espíritu Santo de Dios. Él es Aquel a quien Dios envió para enseñarle todas las cosas, para que le recuerde todas las cosas, para mostrarle las cosas que vendrán, para guiarle a toda verdad, para hacer de usted un ministro capaz, para darle testimonio de Jesucristo, para convencerle de pecado, para ayudarle con sus problemas, para capacitarle para que dé testimonio, para soltar sus impedimentos para la santidad, para sellarle hasta el día de la redención, para fortalecer su hombre interior y para darle vida eterna.

Abra su corazón y reciba el Espíritu Santo en su vida, y todas estas bendiciones serán suyas.

Juan 14:26; 15:26; 16:7, 13 • Hechos 1:8
Romanos 8:26 • 2 Corintios 3:6, 17 • Efesios 1:13–15; 3:16

Esperanza

En el nombre de Jesucristo:

Le bendigo con la verdad de que su Dios es un Dios de esperanza. Él quiere que nunca abandone en ninguna situación, porque Él siempre será su fuerte refugio.

Le bendigo con el ánimo de Dios. Que el Dios de toda esperanza le dé una medida completa de esperanza hoy en su trabajo y en su recreo.

Recuerde que la esperanza es un don del Espíritu Santo para usted. Dios le llenará con gozo y paz cuando usted crea que Él hace que todo sea para bien y para su gloria.

Salmos 43:5; 78:7 · Romanos 15:13–14; 8:28
Colosenses 1:5 · Hebreos 6:11

Humildad

En el nombre de Jesucristo:

Le bendigo con un espíritu de humildad, el cual le hará reconocer que todo lo que tiene y todo lo que es siempre son el resultado de la gracia de Dios en su vida.

Que cada experiencia buena, feliz y de éxito esté combinada con un espíritu de humildad. Nunca se envanecerá con su éxito, porque la sabiduría le dirá que no es el resultado de su propio esfuerzo o talento. Sabrá que son un regalo para usted, una bendición de su Padre celestial.

Será libre de sentimientos de inferioridad, porque Dios va a darle un espíritu indomable: no un espíritu altivo, sino un espíritu manso y humilde.

Salmos 69:32; 131:1–2 · Proverbios 22:4
Mateo 23:12 · Santiago 4:6, 10

Gozo

En el nombre de Jesucristo:

Le bendigo con un espíritu de gozo, porque el gozo del Señor es su fortaleza. Quiero que sea fuerte en su cuerpo, alma y espíritu.

Que su gozo proceda de la belleza de la obra creativa de Dios. Vea los árboles, alce su vista al cielo y gócese por la belleza de las nubes blancas y ondeantes que se ven en el horizonte azul. Vea con sus ojos espirituales las docenas de aves diferentes que Dios ha creado para su disfrute. Tome nota del detalle al ver las flores de Dios: los colores, formas, tamaños y aromas.

Fije su mente en las cosas que Dios ha creado para su deleite y deje que éstas le llenen de gozo.

Nehemías 8:10 • Salmo 28:7 • Isaías 44:23; 55:12

Oídos que escuchen

En el nombre de Jesucristo:

Les ordeno a sus oídos que oigan hoy con claridad. Oirá y entenderá con sus oídos espirituales la Palabra de Dios. Como el hombre sabio que construye su casa sobre la roca, que así oiga las palabras de Jesús y las siga. Que la semilla de la Palabra caiga en tierra fértil en su corazón para que no sólo oiga y entienda sino también para que lleve fruto a ciento por uno.

También oirá y prestará atención a las palabras de sus padres y otros ancianos. Sus palabras de sabiduría serán preciosas para usted. Bendigo los oídos de su corazón para que oigan las palabras de conocimiento y sabiduría que le digan hoy los justos de Dios en la tierra.

Proverbios 18:15 · Mateo 7:24–25; 13:16, 23
Romanos 2:13 · Santiago 1:19–25

Longevidad

En el nombre de Jesucristo:

Le bendigo con el entendimiento de que si guarda los mandamientos de Dios con todo su corazón, la vida le irá bien. Sus días y los días de sus hijos serán multiplicados, y el Señor alargará los años de su vida.

Amar a Dios y guardar sus mandamientos no sólo prolongará su vida, sino que también le aportará protección de sus enemigos y la promesa de que no morirá hasta que sea anciano, así como una mazorca de maíz sale a su tiempo.

Éxodo 20:12 · Deuteronomio 4:40 · Job 5:26
Salmo 91:16 · Proverbios 3:1–2, 9:11

Amor

En el nombre de Jesucristo:

Le bendigo con la voluntad de amar a Dios con todo su corazón y con la capacidad de hacerlo todos los días de su vida.

También le bendigo con un profundo deseo de amar a su padre y a su madre con un verdadero afecto mientras viva. Amar a Dios primero y después a sus padres le llevará, sin duda alguna, a amarse a usted mismo y a su prójimo como a usted mismo. Le bendigo con este tipo de amor.

Le bendigo con el entendimiento para comprender lo ancho, y largo, y alto y profundo que es el amor de Cristo hacia usted. Quiero que quede inundado del conocimiento de lo precioso que es usted para Dios, para su familia y para sus amigos.

Éxodo 20:12 · Deuteronomio 6:5; 10:12 · Juan 3:16
Juan 15:10, 12 · Romanos 8:38–39 · Efesios 3:17–19

Misericordia

En el nombre de Jesucristo:

Le bendigo con el conocimiento de que el Señor es un Dios lleno de misericordia hacia todo aquel que le invoca. Sepa que el Señor es bueno con todos, y sus tiernas misericordias se ven en todas sus obras.

Le bendigo con el deseo de ser fiel para mostrar bondad y misericordia a sus familiares y amigos. Dios ha prometido mostrar favor y recompensar a aquellos cuyos actos de misericordia hayan sido hechos en el nombre de Jesucristo.

Génesis 39:21 · Salmos 18:25; 86:5, 15; 145:8
Proverbios 3:3 · Mateo 5:7; 10:42

La mente de Cristo

En el nombre de Jesucristo:

Le bendigo con la mente de Cristo para sus pensamientos hoy. Tendrá la capacidad de pensar claramente y de ser justo en sus juicios. Usará su mente para glorificar a Dios en la tierra hoy. Su mente alabará a Dios a medida que la llene con las Escrituras.

Le bendigo con un espíritu de sabiduría, de conocimiento y de entendimiento. Dios le bendecirá por su manera de usar su mente. Sus maestros le alabarán por tener una sabiduría mayor que la que corresponde a su edad.

Isaías 11:2–3 · 1 Corintios 2:13, 16
Filipenses 2:5–8 · Colosenses 3:2

Ministerio

En el nombre de Jesucristo:

Le bendigo con el cumplimiento de los planes que Dios ha ordenado para su ocupación y ministerio. El Señor le ha ungido para unos propósitos muy especiales en un área de trabajo y servicio para Él. Él ha dicho que debería ir y dar fruto.

Por tanto, levántese, resplandezca y deje que la luz y la gloria del Señor vengan sobre usted. Busque al Señor y pídale que le muestre claramente cómo, cuándo y dónde ha de prepararse para la ocupación y ministerio que Él ha planeado para usted antes de la fundación del mundo.

*Isaías 60:1 · Juan 15:16 · Romanos 10:14–15
Efesios 4:11–12 · 2 Timoteo 2:15 · 1 Pedro 2:9*

Milagros

En el nombre de Jesucristo:

Le bendigo con la fe para creer en milagros en su vida: milagros de sanidad, milagros de consecuciones, milagros de salvación, milagros de la mente y milagros de dirección.

Alce su vista. Extiéndase. Recíbalo todo. Su Dios es un Dios de milagros, todo es posible para Él. Él lleva a su pueblo con gozo y a sus escogidos con alegría por su poder para obrar milagros. Tenga la fe de un niño para creer en el poder milagroso de Dios en su vida.

*Jeremías 32:17, 27 · Mateo 19:26 · Hechos 2:22
Efesios 3:20 · Santiago 5:13–15*

Obediencia

En el nombre de Jesucristo:

Le bendigo con un espíritu sumiso que obedecerá gustosa y voluntariamente los mandamientos de Dios. Procure con diligencia obedecer las leyes de Dios, y no se aparte de ellas ni a derecha ni a izquierda para que tenga éxito dondequiera que vaya.

Que la Palabra de Dios no se aleje de su boca, sino que medite en ella de día y de noche, cuidándose de hacer todo lo que en ella está escrito. Así hará que su camino sea próspero y todo le saldrá bien.

Josué 1:7–8 · Salmos 1:1–6; 25:10
Proverbios 6:20–23 · Isaías 1:19

Paz

En el nombre de Jesucristo:

Le bendigo con paz: otro don de Dios para todos aquellos que caminan en sus estatutos y se acuerdan de cumplir sus mandamientos. Sus hijos también aprenderán del Señor, y su paz será grande.

No tendrá temor sino que tendrá una perfecta paz si mantiene en Él su mente. Jesucristo es su paz, y la paz de Dios guardará su corazón y su mente en buena salud mientras confíe en su Dios y le sirva.

Isaías 26:3; 54:13 · Salmos 29:11; 119:165 · Juan 14:27
Efesios 2:14 · Filipenses 4:7

Palabras gratas

En el nombre de Jesucristo:

Le bendigo con un entendimiento de lo importante que es en la vida poner freno a su boca y cuidar las palabras que salen de sus labios. No dirá palabras negativas ni hirientes que causen dolor y hieran los espíritus.

Que pueda aprender rápidamente que una blanda respuesta aplaca la ira, y que las palabras cuidadosamente escogidas traen con ellas grandes recompensas. Aprenderá a expresar palabras gratas, un consejo provechoso y frases amables en todas sus conversaciones.

Salmo 141:3 · Proverbios 15:23, 26; 16:24; 25:11
Lucas 6:45 · Efesios 4:29 · Santiago 1:19

Una personalidad agradable

En el nombre de Jesucristo:

Le bendigo con una personalidad agradable. Que el Señor le dé la capacidad de ser agudo, espontáneo, divertido y lleno de alegría. Tratará a sus padres con afecto, así como a sus maestros, vecinos y amigos.

Que se lleve bien con todo tipo de personas, amándoles con el amor que recibe diariamente de su Padre celestial. Le bendigo con un espíritu de unidad con el cual pueda glorificar a Dios.

Debido a su dulce espíritu, otros le considerarán como un canal por medio del cual Dios estará derramando su luz sobre la tierra.

Salmo 18:24 · Proverbios 15:13; 16:7 · Mateo 5:16
Romanos 14:19 · Colosenses 3:12–15 · 1 Pedro 3:8

Alabanza

En el nombre de Jesucristo:

Le bendigo con el deseo de agradecer y alabar a Dios por todo lo que Él ha hecho, está haciendo y hará por usted durante su vida.

Le bendigo con la capacidad de alabar a Dios con su voz cantando, con las palabras de su boca, y con las buenas obras de sus manos y pies, y siempre desde el corazón.

Riquezas y honra serán su recompensa, porque Dios es misericordioso, bondadoso, sufrido y lleno de bondad para con los que tienen su corazón lleno de alabanza.

Éxodo 34:6–7 · Salmos 33:1–3; 96:1–4; 98:4–6
Efesios 5:19 · Hebreos 13:15

Ascenso

En el nombre de Jesucristo:

Le bendigo con entendimiento, para que cuando se humille, su Padre celestial le exalte. Cuando sea manso y humilde, Dios le bendecirá con la herencia de la tierra.

Sabrá que todo lo que tiene, y todo lo que es, se debe a lo que Jesús ha hecho en su vida y a través de ella.

Ha sido ascendido para sentarse con Él en los lugares celestiales. Él ha aumentado su grandeza y le ha dado consuelo por todos lados por medio de su ascenso.

Salmos 76:6–7; 147:6 · Proverbios 22:4; 25:6–7
Mateo 5:5; 20:26; 23:12 · Efesios 2:6

Prosperidad

En el nombre de Jesucristo:

Le bendigo con la prosperidad con la que Dios bendijo a los israelitas. Él le mirará favorablemente y hará que usted dé fruto, y le multiplicará y confirmará su pacto con usted.

Dios le dará lluvia a su tiempo; su tierra producirá mucho y los árboles de sus campos darán fruto. Comerá su pan con abundancia y morará seguro en su tierra. Mientras busque al Señor, Él le prosperará.

*Levítico 26:3–5, 9 · 2 Crónicas 26:5
Salmos 1:3; 84:11 · 3 Juan 2*

Protección

En el nombre de Jesucristo:

Le bendigo con el conocimiento de que en tiempo de angustia, su Padre celestial le esconderá. Le pondrá sobre una roca alta fuera del alcance de todos sus enemigos. Él le rescatará de cualquier trampa y le protegerá de la plaga fatal.

Su Dios le protegerá con sus alas. Sus fieles promesas siempre serán su armadura. No tema, porque Dios está a su lado.

Le bendigo con protección de todos los poderes del enemigo. En situaciones peligrosas y angustiosas, que el Dios de Jacob envíe sus ángeles para ayudarle y apoyarle.

Deuteronomio 33:12 · 2 Samuel 22:2–4 · Salmo 27:5
Salmos 60:12; 91:1–4 · Proverbios 3:21–26 · Isaías 43:5

Provisión

En el nombre de Jesucristo:

Todas estas bendiciones vendrán sobre usted y le inundarán si obedece la voz del Señor su Dios: bendiciones en la ciudad, bendiciones en el campo, muchos hijos, grandes cosechas y grandes rebaños y manadas. Tendrá bendiciones de fruto y de pan, bendiciones cuando entre y cuando salga.

El Señor siempre proveerá todo lo que usted y su familia necesiten si le obedece y anda en sus caminos.

Deuteronomio 28:1–14 · Salmo 37:3, 19, 25
Mateo 6:33 · Filipenses 4:19

Seguridad

En el nombre de Jesucristo:

Le bendigo con la confianza para tumbarse en paz y dormir, pues aunque esté solo, el Señor su Dios siempre le protegerá. Le hará descansar en verdes pastos junto a remansos de agua.

Puede invocar el nombre del Señor cuando esté en peligro, y Él le cubrirá. Si pone su confianza en Dios y no en los hombres, Él pondrá un vallado de protección a su alrededor.

Cuando haga lo correcto, no temerá, sino que siempre descansará en paz y seguridad.

Salmos 23:1–4; 4:8; 119:114; 121 • Proverbios 18:10; 29:25

Poder espiritual

En el nombre de Jesucristo:

Le bendigo con el conocimiento de que Dios le ha dado la capacidad de vencer los poderes de las tinieblas en este mundo. Tiene usted el poder de ir contra los espíritus inmundos y la maldad de cualquier índole.

Recibirá este poder como un regalo de Dios a través del Espíritu Santo. Es el mismo poder que le capacita para dar testimonio de su fe en Jesucristo a sus familiares y amigos, así como a toda la gente en cualquier parte de la tierra. Usted está grandemente bendecido por recibir este poder.

Isaías 59:19 · Mateo 10:1 · Marcos 16:17 · Hechos 1:8
Efesios 3:16, 20; 6:10–11

Fuerza

En el nombre de Jesucristo:

Usted será fuerte y se gloriará en el Señor, porque Él es su Roca, su Torre Fuerte.

Él es la Fuente de toda su energía, y sólo Él puede darle poder al cansado y aumentar su fuerza cuando no tiene ninguna. Incluso en su juventud, puede que haya veces en que se sienta débil, pero su fortaleza será renovada al esperar en el Señor. Recibirá la capacidad para volar como un águila. Correrá y no se cansará, caminará y no se fatigará durante el camino.

Clame a Él para recibir la fuerza suficiente para cada tarea. Que su fuerza sea igual a sus días.

Deuteronomio 33:25 • Salmos 27:1; 46:1
Isaías 40:29–31 • 2 Corintios 12:9

Éxito

En el nombre de Jesucristo:

Le bendigo con un espíritu de éxito. Ni hoy ni ningún otro día será vencido por un espíritu de fracaso, sino que estará continuamente bendecido con un espíritu de logro.

Primero logrará cosas para Dios, luego para usted mismo y para otros. No se enorgullecerá como consecuencia de esto, sino que glorificará a Dios. Es Él quien le bendice con una vida llena de experiencias exitosas y tiempos felices.

Usted será como el árbol plantado junto a un río. Sus hojas no caerán jamás, y dará fruto mientras viva.

Salmo 1 · Josué 1:8

Confianza

En el nombre de Jesucristo:

Le bendigo con la capacidad de confiar en el Señor con todo su corazón y no depender de su propio entendimiento. Esta confianza le mantendrá en el camino correcto y será también salud para su cuerpo.

Cuando confíe en el Señor y haga buenas cosas por los demás, podrá esperar que Él supla todas sus necesidades y le guarde del mal. Será una persona feliz.

Cuando se aleje del mal y busque la paz, los ojos del Señor estarán sobre usted, y sus oídos estarán abiertos y atentos a su clamor. Puede estar seguro de que Él oirá y responderá a sus oraciones y le concederá los deseos de su corazón.

Salmos 34:8; 37:3–4 • Proverbios 3:5; 16:20

Sabiduría

En el nombre de Jesucristo:

Le bendigo con una sabiduría y un discernimiento divinos. Que siempre tenga un temor reverente del Señor y un respeto por su Palabra, porque esa es la fuente de toda sabiduría.

Siga creciendo en conocimiento y perspectiva espiritual para que siempre pueda ver con claridad la diferencia entre el bien y el mal. Esto le hará estar internamente limpio. La sabiduría le mantendrá a salvo del desastre y le hará ser una persona feliz.

Que sea sabio en su corazón y siempre haga esas cosas buenas que muestran que es usted un hijo de Dios. Esto le dará mucha gloria y alabanza al Señor.

Salmo 111:10 · Proverbios 2:6–7; 3:13, 21, 23; 16:21
Filipenses 1:9–11

Parte tres:

El fruto de la bendición

Sus bendiciones

Ahora que ha terminado siete semanas de bendecir a sus seres queridos, use las siguientes páginas para escribir algunas bendiciones propias. La Palabra de Dios está llena de promesas de bendición, y al leer y meditar en sus pasajes favoritos de las Escrituras, su Espíritu le guiará en el don de la bendición.

Sus bendiciones

Sus bendiciones

Una recompensa personal de bendición

Por Elise, para Mary Ruth Swope: "Abuelita"

Cuando yo tenía doce años, mi padre se casó con mi madrastra. Esa fue la primera vez que conocí a la Dra. Mary Ruth Swope, la madre de mi madrastra. Al principio, me pareció una señora de negocios que siempre tenía cosas que hacer, escribir libros, dar clases sobre nutrición y viajar por todo el país para aparecer en programas de coloquios en radio y televisión.

Después, cuando tenía dieciocho años y pasé por una etapa turbulenta en mi vida, la mujer que había conocido de lejos como Mary Ruth Swope se convirtió en un haz de luz en mi oscuridad. Ella me invitó amablemente a vivir con ella, y nuestro verdadero conocimiento mutuo llegó a su cumbre, haciendo que dejáramos de ser conocidas para pasar a ser amigas.

Al pasar tiempo juntas, aprendí que podía contarle a Mary Ruth los secretos de mi corazón. Compartir mis sentimientos y pensamientos más íntimos inevitablemente ocasionó que ella me diera sugerencias para los problemas difíciles, y sus palabras siempre llenas de esperanza iluminaban mis grises pensamientos.

Mary Ruth se convirtió en mi confidente, mentora, animadora, amiga y abuela, aunque nuestra sangre no conectara nuestras historias. Pero, por encima de todo, ella se convirtió en un canal y un vivo reflejo del amor y la guía que hay en Cristo Jesús.

Sólo habían pasado tres meses cuando le pregunté si podía llamarle "abuelita", y ella me aceptó tiernamente como su única nieta.

Durante las veces en que más afligida estaba, ella se acercaba y me abrazaba, pidiéndole a Dios que derramara el aceite de gozo sobre mi mente y corazón. Poco me imaginaba yo que esas oraciones pronto me llevarían del desasosiego a la paz. Sus palabras estimulaban mi mente y reposaban mi espíritu roto de una forma que nunca antes había experimentado o creído que fuera posible.

Cuando la abuelita oraba, normalmente comenzaba dando gracias y luego pasaba a acallar el espíritu delante del Señor. Nuestras peticiones principalmente se centraban en torno a abrir mi mente para recibir un significado divino para mi vida. Cada oración que la abuelita hacía conmigo era una bendición en sí misma, porque yo siempre salía pensando con más claridad sobre mí misma, sobre mi lugar en el mundo y mi relación con Dios.

Al quinto mes, con la abuelita orando por mí constantemente, en mi espíritu se asentó un sentimiento de paz interior. El vínculo de confianza que se había desarrollado entre nosotras ahora me inspiró a orar por mí misma, y pronto descubrí que el acto de orar me daba confianza en el fruto del Espíritu que se encuentra en Cristo Jesús.

Además de las muchas oraciones de la abuelita, las cuales estaban adornadas con acciones de gracias e impresionantes bendiciones, su profundo conocimiento de las Escrituras también tuvo una tremenda influencia sobre mi vida. Cuando empecé a vivir con ella, la abuelita me leía pasajes de la Biblia. Cada pasaje era aplicable a mi situación y me servía de consuelo y como una guía práctica en la confusión de las situaciones cotidianas. La Palabra de Dios me ayudó a encontrar sentido en medio de mi caos personal.

A pesar de la apretada agenda de la abuelita, estoy agradecida por el tiempo que dedicó y que aún dedica a revelarme algunas de las verdades de la Biblia. Uno de los versículos que mejor recuerdo de los que me contaba era el de Filipenses 4:6. En la versión *Nueva Traducción Viviente* lo dice así: *"No se preocupen por nada; en cambio, oren por todo. Díganle a Dios lo que necesitan y denle gracias por todo lo que él ha hecho"*.

La abuelita también tenía algunas de sus propias palabras de sabiduría. Siempre que yo hablaba de las penurias de mi vida, ella me decía: "¡La batalla de la vida está en la mente, Elise!". Ahora entiendo esta frase y me acuerdo de ella durante los momentos de incertidumbre.

A través del amor que me tenía, su ejemplo radiante ante mí, su paciencia conmigo, su preocupación por los demás, su vitalidad para vivir y su contagioso sentido del humor, dentro de mí tuvo lugar una renovación.

Hoy día, la casa de la abuelita es mi casa lejos de casa. Desde que me quedé allí por primera vez, he vuelto cada verano a visitarla. Siempre estaré agradecida tanto a ella como al Señor por usarla en mi vida cuando más necesitaba el cariño. A través de sus lecturas bíblicas y su ejemplo, mis actitudes han cambiado. A través de sus oraciones, mi espíritu ha sido perfeccionado. Te amo abuelita.

Que Dios bendiga a todos los que lean este libro, y que muchos niños en todo lugar, de todas las edades, sean cambiados por el Espíritu de Cristo que lo ha inspirado.

El fruto de la bendición

Permítame comenzar con una confesión embarazosa. Cuando el Espíritu Santo me llevó al concepto de bendecir a mi nieto de siete años, me quedé totalmente absorta con los "aspectos prácticos" de escribir o pronunciar una bendición. En ese entonces, no consideré el inmenso potencial de los varios tipos de "frutos" que resultarían.

Para mi gran sorpresa, las recompensas con Daniel fueron inmediatas, y rápidamente fueron seguidas de testimonio de otras personas que estaban utilizando este libro regularmente. Permítame compartir algunos de los notables resultados que han producido las bendiciones diarias y persistentes.

Bendecido con un buen comportamiento

La primera llamada de teléfono que recibí en relación con este libro era de una señora de Wisconsin.

"Sólo llamo para darle gracias por escribir este maravilloso librito —dijo—. Mi esposo comenzó a bendecir a nuestros tres hijos, de edades de nueve, siete y dos años, todos los días".

Siguió describiéndome los cambios que habían producido las bendiciones a diario en el comportamiento de sus hijos. Los niños eran:

+ más agradables,
+ más obedientes,
+ se ayudaban más entre ellos,
+ más fáciles de llevar a la cama por la noche,
+ más cooperativos, y
+ más bondadosos y tiernos.

Después me contó un incidente que había ocurrido recientemente. Mientras los niños estaban jugando en el piso de abajo, el niño de dos años se ofendió por algo que ocurrió. Cuando comenzó a llorar a gritos, su hermano de nueve años fue y puso su mano sobre la cabeza del pequeño y le bendijo. El lloro se detuvo instantáneamente, y siguieron jugando pacíficamente. Claro, los padres quedaron muy impresionados al ver este hecho.

El poder de la lengua

Poco después de la primera publicación de este libro, un canal de televisión canadiense me invitó a ser su invitada y hablar sobre ello. Tras dos programas de una hora sobre este tema, el director del canal continuó leyendo una bendición en directo todos los días durante unos cuantos días.

No mucho después, me sorprendió recibir una llamada de uno de los empleados del canal, el cual me dijo emocionado: "¡Permítame compartir con usted algunos de los testimonios que hemos recibido de nuestros televidentes!".

El primer testimonio era de una señora que había sido totalmente sorda durante dieciséis años. Aunque no podía oír, podía leer los labios de la persona que hablaba por la televisión.

Ese día, el presentador estaba leyendo la bendición titulada "Oídos que escuchan". La primera frase de esa bendición dice: "En el nombre de Jesucristo, le ordeno a sus oídos que oigan hoy con claridad".

Cuando ella leyó los labios del presentador, ¡sus dos oídos hicieron un sonido como de un pop y fue completamente sanada! Su otorrino más tarde le dijo que tenía la audición de una adolescente y que, hasta donde él podía ver, había sido sanada totalmente.

Cuando se liberaron las palabras, la sanidad ocurrió de inmediato. Desgraciadamente, antes de este testimonio no me había dado cuenta de que la sanidad se podía recibir por fe a través de la bendición. Mi fe en la verdad de Proverbios 18:21 mejoró mucho con esta experiencias. *"La muerte y la vida están en poder de la lengua, y el que la ama comerá de sus frutos"*.

Bendiciones por correo

El segundo testimonio resultante de las bendiciones diarias de la televisión tenía que ver con una joven pareja con problemas matrimoniales.

El esposo de veinticinco años de edad estaba planeando abandonar a su esposa de veintitrés por una mujer más joven que trabajaba en su empresa. Tras declarar su intención de divorciarse, tomó sus pertenencias de la casa, dejando a su esposa y dos niños pequeños para que se las arreglaran solos.

La joven esposa obtuvo un ejemplar de este libro y lo utilizó como una guía para escribir una bendición para su esposo cada noche antes de irse a la cama. Cada mañana, de camino a su trabajo, le enviaba por correo la bendición.

Tras dos semanas, el esposo llamó por teléfono para preguntar si podía regresar a casa. La mujer estuvo encantada y sorprendida de que sus bendiciones hubieran producido fruto en un periodo de tiempo tan corto. No puedo sino maravillarme si ella aún está cosechando hoy las recompensas de bendecir a sus seres queridos.

"Gracias por bendecirme"

El tercer testimonio que resultó del énfasis que hicieron en la televisión sobre la importancia de la bendición llegó de una madre de una niña de dos años. Después de bendecir a su hija por primera vez, la niña le dijo: "Gracias por bendecirme, mami", y se fue corriendo a jugar a su cuarto.

Durante ese día, a intervalos, la pequeña regresaba donde estaba trabajando su mamá y repetía la expresión: "Gracias por bendecirme, mami". Independientemente de la edad, los testimonios revelan que a la gente le encanta ser bendecida.

Como relaté en la primera sección de este libro en primera persona, aún me acuerdo del entusiasmo con que mi nieto Daniel me dio las gracias la primera vez que le bendije. Dijo: "Gracias abuela", con tal gusto que cualquiera hubiera pensado que le habría dado un regalo tangible y muy deseado.

Bendiciones a la inversa

Seis meses después de haber bendecido por primera vez a Daniel durante una de nuestras frecuentes llamadas de larga distancia, le pregunté: "¿Querrías tú darme una bendición?".

Su respuesta fue un rápido y potente sí, más agudo que una espada de dos filos, por así decirlo. "Claro, abuela, dame un minuto". Después, casi inmediatamente, dijo: "Abuela, te bendigo con amor, con buena salud y con muchos años más de vida".

¡Guau! Todavía estoy sorprendida y bendecida por la sabiduría de mi nieto. De hecho, sólo puedo añadir esto a su bendición: "Por favor Señor, ¡hazlo!".

Un tesoro invaluable

Una madre soltera de un niño de nueve años me contó que su hijo no dejaba que nadie quitara este libro de su mesilla de noche. Para él, era su tesoro más querido y le encantaba ser bendecido cada noche antes de irse a dormir.

Una noche, la madre fue a una reunión de negocios, pero antes de salir de casa le dijo a su hijo: "No llegaré a casa hasta las nueve y media. Acuéstate tú solo y no me esperes despierto".

Cuando llegó a casa a las diez y media, observó una luz encendida en el cuarto de su hijo. Entró en su cuarto con la intención de reñirle cuando él le dijo: "Mamá, siento no haber seguido tus instrucciones, pero no me podía ir a dormir sin que me bendijeras".

Este es otro incidente que ilustra lo mucho que la bendición de un padre o una madre significa para un niño.

Cuando la abuela de un niño de cuatro años llegó de visita desde otra ciudad, estaba emocionada por poder pasar tiempo con su nieto. Poco después de su llegada, el jovencito fue corriendo a su cuarto y regresó con su ejemplar de este libro. Mientras se lo entregaba a su abuela, le dijo: "Abuela, este es el libro con el que me dan abrazos después de leérmelo".

La madre del niño le explicó: "Le encanta que le bendigan, y nosotros siempre acompañamos la bendición diaria con muestras de afecto".

¿Qué mejor regalo podría darle un padre a su hijo?

Un pequeño predicador bendecido

Otro testimonio interesante trata sobre un niño que estaba empezando a balbucear frases. Sus padres habían pronunciado sobre él una bendición cada día de su vida, incluso antes de su nacimiento.

Cuando la mamá del niño le llevó a la oficina de su abuelo, las secretarias rodearon al niño para verle y hacerle carantoñas.

El niño les respondió con una de sus conversaciones a media lengua. Cuando comenzaron a reírse, el niño se molestó visiblemente. Comenzó a utilizar sus manos y a hablar más alto, obviamente intentando comunicar un mensaje que no podía articular en un inglés claro. Cuando ellas siguieron riéndose, el niño les mostró el puño, se puso rojo y habló aún más fuerte.

Una de las secretarias fue a buscar al abuelo para que viera lo ocurrido. En el momento en que entró en la habitación y vio a su nieto, dijo: "¡Mi nieto está intentando predicar aun antes de saber hablar!".

Será interesante ver si esa profecía se cumple. El niño tiene ahora siete años, ha aceptado a Cristo como su Salvador y es un niño encantador y obediente. Su padre dijo recientemente de él: "Shane declara casi todas las semanas que va a predicar la Palabra de Dios a las naciones mientras va creciendo. ¡Qué regalo!".

Trofeos y condecoraciones

Cuando su maestra felicitó a un campeón atlético de siete años por un trofeo que había recibido, él le dijo: "Ya sé por qué gané la condecoración".

La maestra respondió: "¿Por qué?".

Su respuesta fue: "Porque mi padre me bendice cada día antes de ir a la escuela".

Los niños necesitan las bendiciones de los padres cada día, y no hay mejor forma de recibirlas que del padre de la casa lo primero en la mañana.

Las bendiciones de grupo funcionan

Las bendiciones no tienen que ser personales para que sean eficaces. Las bendiciones de grupo también producen grandes recompensas. En agosto, justo antes de que comenzara el curso escolar, un pastor comenzó a bendecir a los niños de su congregación. Cada domingo, les pedía a todos los niños presentes que pasaran al frente para recibir una bendición antes de salir del auditorio principal para asistir a sus clases dominicales.

Más adelante, en mayo, la escuela local tuvo su ceremonia de entrega de premios para reconocer los diferentes logros de ciertos estudiantes. A su término, alguien subrayó que todos los premios fueron para niños de la congregación de este pastor, ¡absolutamente todos!

Vale la pena bendecirnos unos a otros, ya que es la voluntad de Dios. Un simple acto de bendición resultará en grandes logros y ayudará a producir ciudadanos saludables, felices y buenos.

Estudiantes bendecidos

Una maestra de escuela primaria usa este libro en su clase antes de comenzar cada día.

Una mañana, pasó por alto el dar la bendición. Un niño alzó su mano y ella le dio paso para que hablara. "Se le ha olvidado bendecirnos esta mañana", le dijo.

"Me alegro de que me lo recuerdes", le contestó la maestra.

"Realmente marca la diferencia —dijo ella—. Bendecir a los niños antes de que comiencen a trabajar se traduce en un mejor comportamiento y un entorno de aprendizaje más productivo que cuando no se les bendice".

Otras tres maestras me contaron sus experiencias. Una enseñaba a niños de quinto, otra de séptimo y la otra de octavo. Estas maestras que estaban muy cualificadas tenían entre cinco y diez años de experiencia cuando les conocí.

Tras comenzar a bendecir a los niños, las tres maestras observaron que la diferencia entre las clases bendecidas y las no bendecidas era notable. Los estudiantes bendecidos estaban más tranquilos en su interior, eran más capaces de concentrarse, cooperaban más ayudando a otros estudiantes y eran más obedientes.

Estos resultados tan positivos serían muy bienvenidos en las escuelas de hoy día, donde conseguir mantener la atención de los alumnos y hacerles trabajar con buena disposición es un reto tremendo. Bendecir a la clase también podría ser un antídoto para cualquier influencia desfavorable del hogar y cultural que esté afectando al comportamiento de los estudiantes.

Una bendición de Navidad

Otro testimonio conmovedor viene de mis amigos en Idaho. En Navidad, les dijeron a sus hijos adultos que se preparasen para una ceremonia después de la cena de Navidad, durante la cual su abuelo bendeciría a sus diecisiete hijos y nietos. Según lo planeado, se sentaron juntos por familias en el salón.

Cuando el abuelo comenzó a bendecir primero a los pequeños, los adolescentes empezaron a reírse. Sin embargo, cuando llegó el momento de bendecir a los padres, casi todos los presentes estaban soltando alguna lágrima. La abuela dijo que fue la noche más bendita y memorable que ella y su esposo habían pasado jamás con sus hijos y nietos.

Las lágrimas a veces son parte de estos momentos de bendición emotivos. Cuando la persona que está dando la bendición habla bajo la guía e inspiración del Espíritu Santo, las palabras resuenan proféticamente y afectan profundamente al espíritu del receptor.

Antes de incluir este incidente en mi libro, decidí conseguir la aprobación de la familia de mi descripción. Cuando les llamé por teléfono, una de las hijas adultas respondió porque sus padres estaban fuera de la ciudad. "Eso es exactamente lo que ocurrió", me dijo la hija cuando yo le describí esa noche navideña.

Después, añadió: "Pero la historia no acaba ahí, eso es sólo el comienzo. Tras esa noche, empezaron a suceder cosas maravillosas. Se sanaron heridas profundas, ocurrieron milagros de todo tipo, y lo mejor de todo fue que cada uno de nuestros hijos ha aceptado al Señor y está sirviéndole de formas maravillosas. Todos estamos de acuerdo: nos empezaron a suceder cosas buenas después de que nuestro padre nos diera a cada uno una bendición esa Navidad. Bendecirse unos a otros se ha convertido ahora en una tradición familiar".

Un experimento de bendición

Los padres de una niña de once años describieron el siguiente incidente.

"Nuestra hija nunca había logrado mantener el control de la vejiga y mojaba la cama todas las noches de su vida —me contaban—. Tras leer su libro y usarlo con éxito durante unas semanas, acordamos un plan. Una noche, pusimos a nuestra hija en la cama con una bendición normal y luego esperamos a que se durmiera. Después, volvimos a su cuarto para un experimento de bendición".

Mientras su hija dormía, sus padres pusieron sus manos sobre su cuerpo y bendijeron sus riñones, ordenándoles que no soltaran la orina hasta que la niña se despertara por la mañana. También bendijeron cada órgano de su cuerpo y alabaron a Dios por responder a sus oraciones.

"¡Nunca más volvió a mojar la cama!", exclamaron.

La bendición vence a la maldición

Me enteré de otro incidente que quizá les sea útil a muchos padres.

Un niño de trece años que se había criado en una buena familia cristiana estaba comenzando a hablarle a su madre de manera abusiva. Sin saber bien lo que debía hacer, la madre decidió bendecirle con una lengua controlada, que es una de las bendiciones del libro.

Cada día, ella decía: "Bendigo tu lengua. Aprenderás pronto en la vida a medir tus palabras antes de que salgan por tu boca. Tu lengua siempre encontrará formas de llevar alegría y bendición a los demás".

La bendición comenzó a asentarse en la vida del adolescente. Su madre dijo que él dejó de hablarle de manera ruda o abusiva. Cuando esta madre declaró palabras de bendición, el Dios Todopoderoso le dio lo que ella declaró.

Bendecir aleja el temor

Otra pareja usó este libro para ayudar a su hijo a vencer un espíritu de temor. Tras mudarse a una casa nueva y más grande, él comenzó a tener miedo de andar por el largo y oscuro pasillo hasta su cuarto por la noche. Tenía tanto miedo que ni entraba ni salía de su cuarto sin que alguno de sus padres estuviera presente.

"Esto era muy desesperante y molesto para nosotros —me dijo la madre—. Tras leerle la bendición sobre el temor del Señor de su libro, nunca más nos pidió que le acompañáramos al entrar o al salir de su cuarto".

Otra familia tenía un problema diferente, pero la causa también estaba arraigada en el temor.

Cuando una familia de Sudáfrica se mudó a los Estados Unidos para una tarea especial en la profesión del padre, su niño de seis años tuvo que hacer frente a muchos ajustes. Por alguna razón, el niño tenía un odio inmenso a la escuela dominical en su nueva iglesia.

"Era muy difícil conseguir que fuera a la iglesia o que se separase de su madre una vez que estaba allí —dijo el padre—. Comencé a bendecirle en secreto, y en una semana de bendición diaria, el pequeño cambió su manera de pensar sobre la escuela dominical. De hecho, se convirtió en su parte favorita de la semana".

La estrategia de bendecir

Bendecir funciona en las vidas de los adultos de la misma manera que en las de los niños.

Una mujer empleada en una firma de marketing estaba experimentando dificultades con un cliente que le debía a su jefe 24 000 dólares. El cliente se negaba a pagar la factura porque no había recibido un aumento del negocio proporcionado al coste de la publicidad.

El propietario de la empresa, que era cristiano, no quería emprender acciones legales contra su cliente. "Comencemos a bendecir a este hombre y su empresa", sugirió la joven empleada. Su jefe pensó que era una buena idea.

En dos semanas, recibieron un cheque inesperado de 20 000 dólares con una nota que decía que el importe restante llegaría lo antes posible. De hecho, la factura total se pagó sin ninguna coacción de la agencia de publicidad.

En otra ocasión, un médico le realizó una cirugía gratuita a un paciente debido a las difíciles circunstancias económicas de la familia de ese hombre. Más adelante, cuando fue necesario que el paciente pasara por otra cirugía, el paciente acordó de antemano pagar el coste de 1800 dólares.

Sin embargo, tras la cirugía el paciente cambió su actitud y le dijo al doctor que su estado de salud no valía ese precio. En lugar de enojarse, el doctor decidió comenzar a bendecir a ese hombre. Pronto, el paciente entró en su oficina, le entregó 2000 dólares en metálico y dijo que estaba bien así.

¡Estoy segura de que muchos tratos empresariales amargos podrían tener finales felices si usáramos la estrategia de bendecir!

¡La bendición funciona!

¿Funciona bendecir a los niños o a los adultos en los países en desarrollo? ¿O sólo funciona en lugares prósperos? Esta ilustración de mi experiencia personal responde a esta pregunta.

Una vez, cuando nos hallábamos de visita en Costa Rica, nuestro pastor anfitrión nos dijo: "Les recogeré en el hotel el viernes por la noche con unos minutos de antelación. Tengo algo que quiero enseñarles".

Esa noche nos llevó en auto al aparcamiento de la sinagoga judía. Señaló y dijo: "Miren qué clase de autos hay en este aparcamiento".

¡No lo podía creer! Todos los autos eran autos caros, Mercedes Benz, BMW o algún otro vehículo de lujo. Y eso era en un país donde la mayoría de la gente no tiene auto. ¿El punto del pastor? "Los padres judíos bendicen a sus hijo todos los viernes por la noche en el Shabbat", nos recordó.

Aparentemente, Dios responde las oraciones de bendición independientemente del lugar de la tierra desde donde se pronuncien.

Bendiga a su esposa cada día

Una mañana, un amigo mío telefoneó y me dijo: "Mary Ruth, quiero que cambies el título de tu libro *El Poder de Bendecir a Sus Hijos*".

Yo le respondí: "Está bien, ¿cómo quieres que lo titule?".

"No sé cómo titularlo, pero sé que funciona también para mayores".

"¿Por qué me dices eso?", le pregunté.

"Mi esposa estaba pasando hace poco por una etapa de cambios en su vida, y nuestra relación se había deteriorado tanto que ya no nos llevábamos muy bien —me explicó—. Una mañana, llegué a desayunar e hice un comentario sobre el jugo de naranja. Ni siquiera recuerdo lo que dije, pero ella comenzó a regañarme hasta que no aguanté más.

Me levanté de la mesa, me fui a nuestro cuarto, cerré la puerta y me puse de rodillas. Comencé a orar: 'Dios, este es un caso para ti. Simplemente no sé cómo manejarlo'. Inmediatamente, el Espíritu Santo me dijo: 'Agarra el libro de Mary Ruth y comienza a bendecir a tu esposa todos los días antes de irte a trabajar'.

¡Lo hice, y en menos de un mes, nuestra relación ha mejorado tanto que parecemos unos recién casados!".

Cada esposo y esposa pueden rejuvenecer su matrimonio dedicando un tiempo para bendecirse el uno al otro cada mañana.

El poder de pronunciar bendición

El concepto de la bendición es, lamentablemente, como el del ayuno: una teología perdida. Sin embargo, la bendición siempre será una herramienta para que los seres humanos la utilicen para liberarse a ellos mismos y a otros de inseguridades y temores y para unirse los unos con los otros en relaciones íntimas. Las amistades se pueden desarrollar, nutrir y consolidar permanentemente a través del uso de pronunciar bendiciones.

Los principios de la bendición están basados en dos versículos principales:

La muerte y la vida están en poder de la lengua, y el que la ama comerá de sus frutos. (Proverbios 18:21)

No devolviendo mal por mal, ni maldición por maldición, sino por el contrario, bendiciendo, sabiendo que fuisteis llamados para que heredaseis bendición.

(1 Pedro 3:9)

Estos dos versículos nos dan las pautas perfectas para tener éxito en la vida familiar.

Una cosa debería quedar clara: tenemos la capacidad de influenciar tanto nuestra vida personal como el futuro de nuestra nación a través del poderoso acto de declarar bendición. Es una piedra angular para tener éxito en la vida familiar y en comunidad.

Oración de salvación

Si no conoce a Jesús como su Salvador y Señor, simplemente haga la siguiente oración de fe, ¡y Jesús entrará en su corazón!

Padre celestial, vengo a ti en el nombre de Jesús. Soy pecador, y te pido que perdones mis pecados. Confieso que Jesús es Señor, y creo en mi corazón que tú le resucitaste de los muertos. Gracias por entrar en mi corazón, por darme tu Espíritu Santo como has prometido, y por ser Señor de mi vida. Amén.

Acerca de la autora

La Dra. Mary Ruth Swope es una popular oradora que ha sido conferencista en un seminario en PTL en Charlotte, North Carolina, y en el retiro Christian Retreat en Bradenton, Florida. También ha aparecido repetidas veces en programas de televisión como *El Club 700* en la cadena cristiana Christian Broadcasting Network.

La Dra. Swope obtuvo su licenciatura en Ciencias por Winthrop College en Rock Hill, South Carolina, una Maestría en Ciencias en la rama de alimentos y nutrición por el Women's College de la Universidad de North Carolina en Greensboro, y un doctorado por el Teachers College, Columbia University, en la ciudad de New York. Tras siete años enseñando economía del hogar a estudiantes de institutos, trabajó como nutricionista en el departamento de salud de Ohio.

La Dra. Swope después se unió al profesorado de alimentos y nutrición en Purdue University y más tarde trabajó como Directora de Alimentación y Nutrición en la

Universidad de Nevada. Como administradora universitaria, trabajó como Directora de Economía del Hogar en Queens College en Charlotte, North Carolina. Durante dieciocho años, antes de jubilarse en diciembre de 1980, la Dra. Swope fue Decana de la Escuela de Economía del Hogar en Eastern Illinois University, Charleston, Illinois.

La Dra. Swope se tomó la jubilación anticipada para comenzar un nuevo ministerio llamado Nutrition with a Mission. Por medio de sus conferencias y seminarios, alienta a las audiencias a negarse a sí mismos calorías, ahorrar el dinero que habrían costado esas calorías y donarlo para programas y proyectos enfocados hacia la Gran Comisión.